कोविड-१९

क्या है?

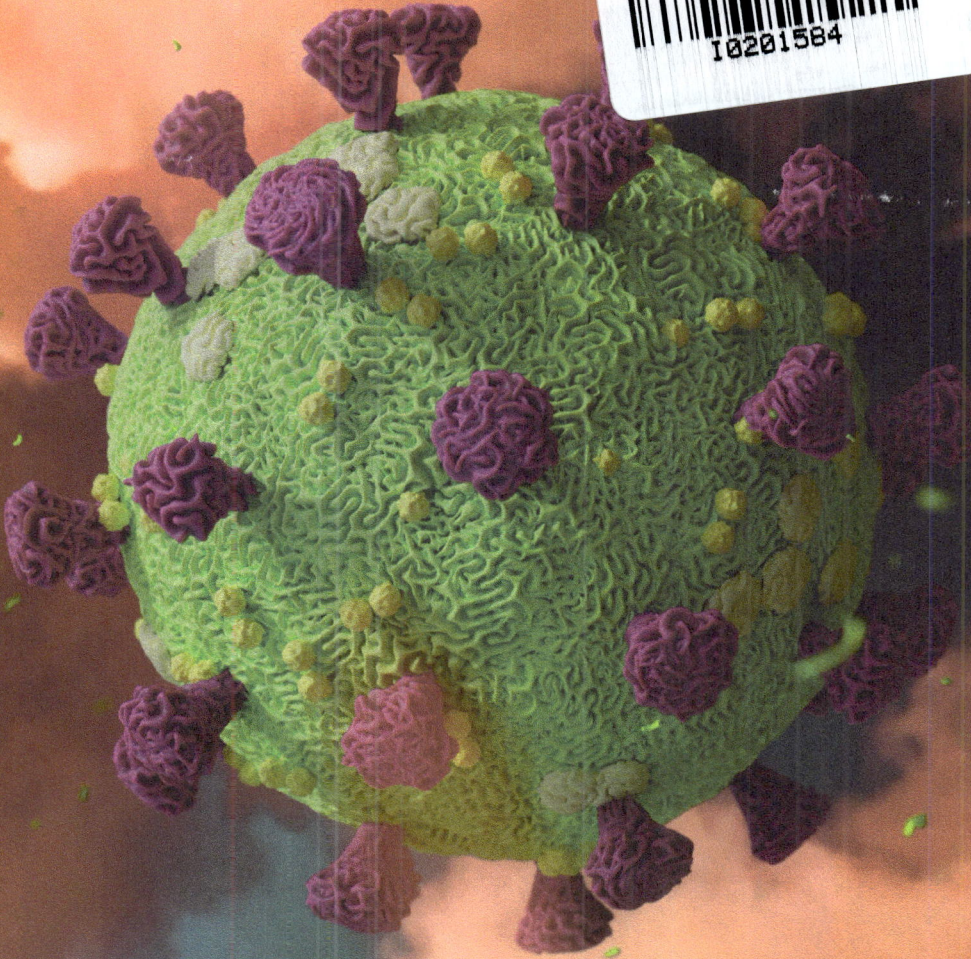

अलेक्सिस रूमानिस

और पुस्तकों को यहाँ देखें:
WWW.ENGAGEBOOKS.COM

वैंकूवर, बी.सी.

WWW.ENGAGEBOOKS.COM

What Is COVID-19? Level 2
Roumanis, Alexis 1982 –
Text © 2020 Engage Books
Design © 2020 Engage Books

Edited by Jared Siemens
Cover design by: A.R. Roumanis

Text set in Arial Regular.
Chapter headings set in Arial Black.

FIRST EDITION / FIRST PRINTING

LIBRARY AND ARCHIVES CANADA CATALOGUING IN PUBLICATION

Title: Chovid-19 kya hai? star 2 / Alexis Roumanis.
Other titles: What is COVID-19? Level 2 reader. Hindi
Names: Roumanis, Alexis, author.
Description: Translation of: What is COVID-19? Level 2 reader.

Identifiers: Canadiana (print) 20200234579 | Canadiana (ebook) 20200234595
ISBN 978-1-77437-337-8 (hardcover). –
ISBN 978-1-77437-338-5 (softcover). –
ISBN 978-1-77437-339-2 (pdf). –
ISBN 978-1-77437-340-8 (epub). –
ISBN 978-1-77437-341-5 (kindle)

Subjects:
LCSH: COVID-19 (Disease)—Juvenile literature.
LCSH: LCSH: COVID-19 (Disease)—Prevention—Juvenile literature.
LCSH: Coronavirus infections—Juvenile literature.

Classification: LCC RA644.C68 R682156 2020 | DDC J614.5/92—DC23

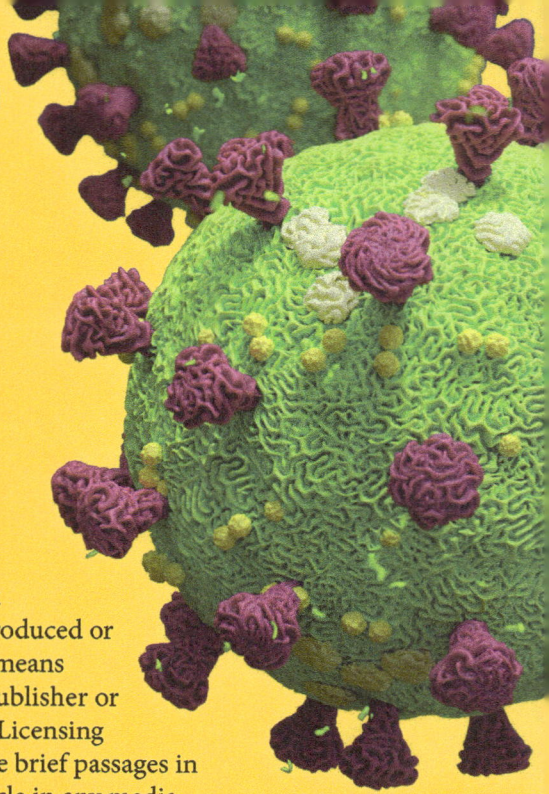

विषय-सूची

वायरस क्या होते हैं?

वायरस बहुत छोटे रोगाणु होते हैं।
ये लोगों को बीमार कर सकते हैं।

वायरस सब तरह के जीवों के अंदर
जीवित रह सकते हैं। लोग, जानवर
और पौधे अलग अलग जीव होते हैं।

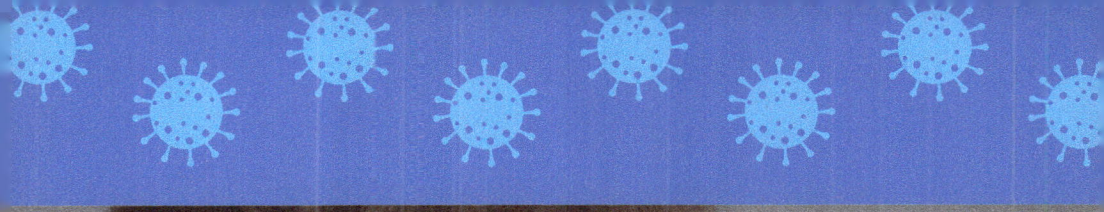

वायरस को देखने के लिए माइक्रोस्कोप की ज़रूरत होती है। माइक्रोस्कोप वायरस को १००० गुना बड़ा दिखा सक्ते हैं।

कोरोनावायरस क्या होते हैं?

कोरोनावायरस एक तरह का वायरस है। यह वायरस मैमल्स और पक्षियों में जीवित रह सकता है। सैंकड़ों तरह के कोरोनावायरस होते हैं। इनमें से सिर्फ़ सात तरह के कोरोनावायरस इंसानों को इन्फेक्ट कर सकते हैं।

MERS एक तरह का कोरोनावायरस है। यह २०१२ में इंसानों, चमगाड़ों और ऊंटों में पाया गया था।

कोरोनावायरस बहुत आम होते हैं।
ये लोगों को बीमार कर सकते हैं।
कोरोनावायरस बहती नाक, गले
में खराश और खांसी
का कारण बन
सकता है।

७

कोविड-१९ क्या है?

कोविड-१९ एक नयी तरह का कोरोनावायरस है। यह इंसानों में बहुत आसानी से फैलता है। कोविड-१९ दुनिया में बहुत जल्दी फैल गया।

कोविड-१९ वूहान, चीन में शुरू हुआ। वैज्ञानिकों को लगता है कि यह एक ऐसे बाजार में शुरू हुआ जिसमें जीवित जानवर बेचे गये।

कई लोग कोविड-१९ पर अलग तरह से प्रतिक्रिया करते हैं। कुछ लोग ठीक या थोड़ा बीमार महसूस करते हैं। दूसरे लोगों को खांसी हो सकती है, या गर्मी महसूस हो सकती है। आमतौर पर उन्हें सांस लेने में मुश्किल होगी।

कोविड-१९ वाले २० लोगों में से सिर्फ़ १ इंसान को अस्पताल जाने की ज़रूरत होती है।

९

कोविड-१९ कैसे फैलता है?

लोगों को कोविड-१९ छोटी बूँदों से हो सकता है। बीमार लोगों के छींकने या खाँसने से ये छोटी बूँदें दूसरे लोग पर गिर जाती हैं। जिन चीज़ों को लोग छूते हैं, कोविड-१९ उन पर भी जीवित रह सकता है। इन चीज़ों को छूने से लोग बीमार हो सकते हैं।

फेस मास्क कोविड-१९ को फैलने से रोकने में मदद कर सकते हैं।

कोविड-१९ गत्ता पर लगभग १ दिन तक जीवित रह सकता है। यह लगभग ३ दिनों तक प्लास्टिक या धातुओं पर जीवित रह सकता है।

 १ दिन
गत्ता

 ३ दिन
स्टेनलेस स्टील

 ३ दिन
प्लास्टिक

कोविड-१९ को फैलने से कैसे रोकें?

हाथों को साबुन और पानी से धोएँ।

आखें, नाक और मुँह न छुएँ।

अपनी कोहनी में छींकें या खाँसें।

१२

ज़्यादा छुई जाने वाली चीज़ों को अक्सर सॉफ करें।

खाना और पेय न शेयर करें।

दूसरे लोगों से २ मीटर (६ फीट) दूर रहें।

अलग लोगों के लिए जोखिम

कोविड-१९ से कुछ लोगों के बीमार होने की संभावना ज़्यादा है। बूढ़े लोगों के लिए वायरस से लड़ना मुश्किल होता है। ६० वर्ष से ज़्यादा उम्र के लोग ज़्यादा ख़तरे में हैं।

जिन लोगों को कैंसर जैसी बीमारी है, उन्हें भी इसका खतरा है। दिल, खून और फेफड़ों की बीमारी लोगों को ज़्यादा ख़तरे में डालते हैं।

स्वस्थ लोग जिन लोगों को ख़तरा है उनकी मदद कर रहे हैं। किराने का सामान पहुंचाना एक तरीका है जिससे वे मदद कर सकते हैं।

१५

कोविड-१९ बच्चों पर कैसे असर करता है ?

कोविड-१९ का छोटे बच्चों पर थोड़ा या कोई असर नहीं है । लेकिन बच्चे वायरस ले जा सकते हैं । वे इसे दूसरों को दे सकते हैं ।

कुछ स्थानों पर, कोविड-१९ बड़े लोगों में जल्दी फैल गया। इन जगहों पर बच्चे अपने दोस्तों के साथ खेलते थे। दोस्तों से दूर रहना कोविड-१९ के फैलाव को धीमा करने का एक तरीका है।

बच्चे अक्सर वायरस से बीमार हो जाते हैं। वे हर साल लगभग ६ से ८ वायरसों से बीमार हो सकते हैं ।

सोशल डिस्टेन्सिंग क्या है ?

सोशल डिस्टेन्सिंग कोविड-१९ को रोकने का एक तरीका है। लोग एक दूसरे से २ मीटर (६ फीट) दूर रहकर सामाजिक दूरी बनाते हैं। यह उन लोगों के लिए है जो एक साथ नहीं रहते हैं।

दूसरों से दूर रहना कोविड-१९ का फैलना मुश्किल बनाता है। यह एक बीमारी के फैलाव को धीमा करने के सबसे अच्छे तरीकों में से एक है।

यह जानना कि दूसरों से कितना दूर खड़ा होना है मुश्किल हो सकता है। एक बड़ी गाय की लंबाई को याद रखना मदद कर सकता है। एक बड़ी गाय २ मीटर (६ फीट) से थोड़ी ज़्यादा लंबी होती है ।

एक्शन में सोशल डिस्टेंसिंग

बच्चे घर से स्कूल कर रहे हैं। वे अपने शिक्षकों के साथ वीडियो चैट का इस्तेमाल करते हैं।

टीम के खेल नहीं खेले जा सकते। कई लोग अपने आप व्यायाम कर रहे हैं।

२०

लोग ज्यादातर रेस्तरां के अंदर खाना नहीं खा सकते। रेस्तरां इसके बदले टेकआउट दे रहे हैं।

कई माता-पिता काम पर नहीं जा सकते। वे कंप्यूटर का इस्तेमाल करके घर से काम कर रहे हैं।

२१

सोशल डिस्टेन्सिंग ज़रूरी क्यों है ?

सोशल डिस्टेन्सिंग कोविड-१९ को बहुत तेज़ी से फैलने से रोकता है। अगर बहुत से लोग एक साथ बीमार हो जाते हैं, तो अस्पतालों में सभी की मदद करना मुश्किल हो सकता है।

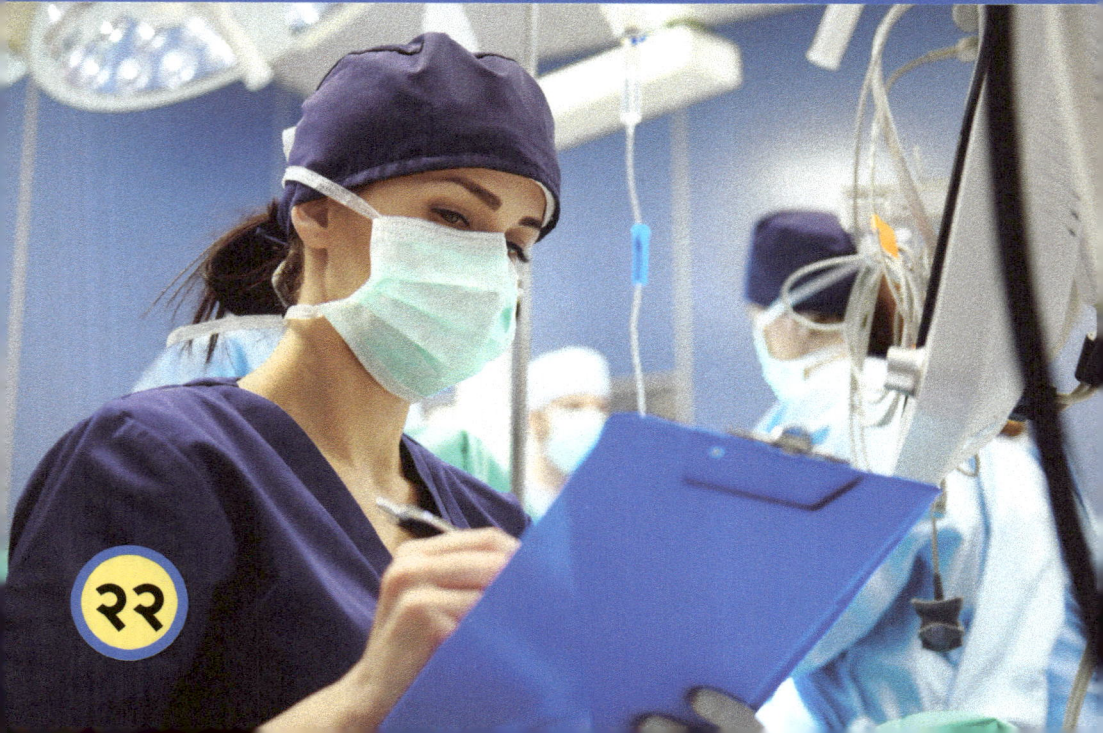

सोशल डिस्टेन्सिंग की मदद से अस्पतालों में काफ़ी सांस लेने के मास्क उपलब्ध रहते हैं। ये उन लोगों की मदद के लिए चाहिए जो अपने आप सांस नहीं ले सकते।

२३

टीका क्या है?

टीका एक तरह की दवा है। यह वायरस से लड़ने में मदद कर सकता है। टीके शरीर को सिखाते हैं कि वायरस से अपने आप कैसे लड़ना है।

कोविड-१९ हर फ्लू के मौसम में लौट सकता है। टीका ऐसा होने से रोक सकता है।

कई वैज्ञानिक सोचते हैं कि कोविड-१९ के लिए एक टीका लगभग १८ महीने में बनाया जा सकता है।

२५

टैकनोलजी कैसे मदद कर रही है?

३-डी प्रिंटर से सांस लेने का मास्क बनाया जा सकता है।

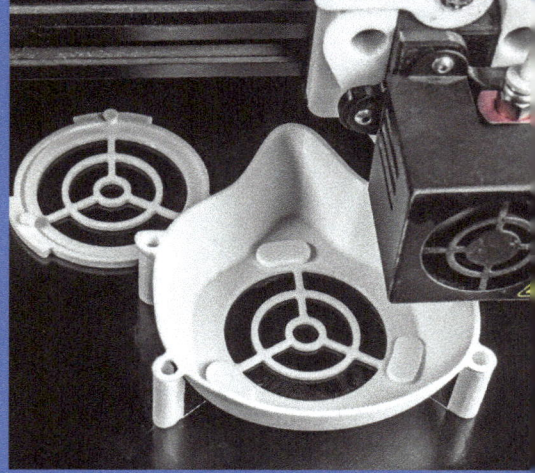

कार निर्माता कारों की जगह सांस लेने के मास्क बना रहे हैं।

ड्रोन लोगों के घरों में चीजें पहुंचा सकते हैं।

२६

रोबोट कोविड-१९ को रोशनी की किरणों से मार सकते हैं।

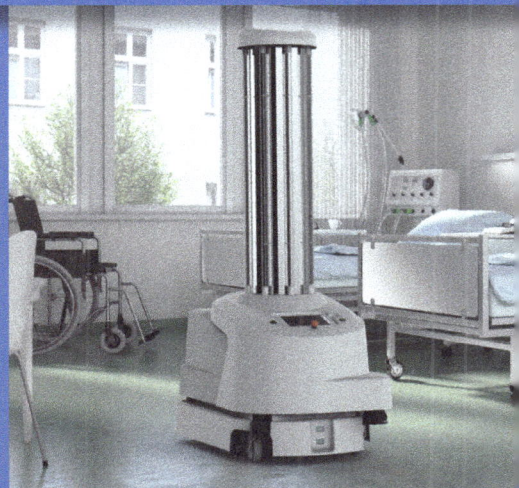

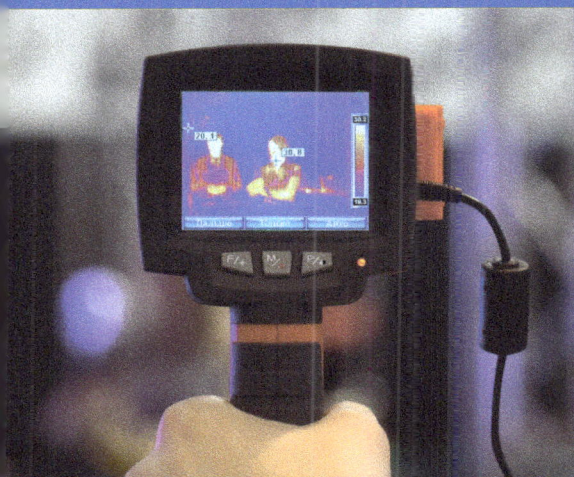

ख़ास कैमरे यह जांच सकते हैं कि लोगों के शरीर का तापमान ज़्यादा है या नहीं।

सार्वजनिक वॉशरूम में अपने आप चलने वाले पानी के नल और साबुन पंप।

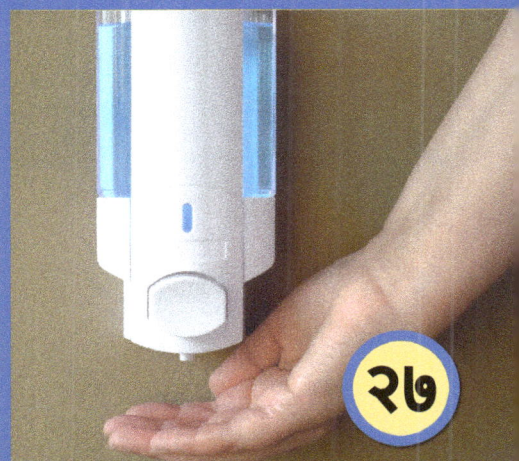

२७

कार्य - अपने हाथ कैसे धोएँ

जब आप घर लौटते हैं, तो आपको अपने हाथ धोने चाहिए। शायद आपने किसी ऐसी चीज को छुआ हो जिसे दूसरों ने भी छुआ है । यह एक डोर हैंडल, रेलिंग या काउंटर टॉप हो सकता है। अपनी आंखों, नाक या मुंह को कभी न छुएं। इस तरह कोविड-१९ शरीर में घुसता है। साबुन से कम से कम २० सेकंड के लिए अपने हाथों को धोना कोविड-१९ को मार सकता है। वायरस ऊँचें तापमान में लंबे समय तक नहीं रह सकता है। गर्म पानी का इस्तेमाल करें।

१. साबुन का इस्तेमाल करें

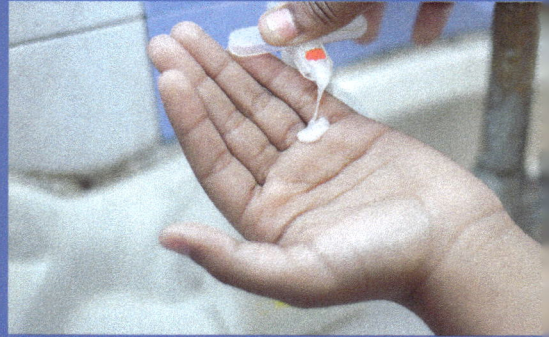

२. हथेलियाँ धोएं

३. हाथों को पीछे से धोएँ

४. उँगलियों के बीच में धोएं

५. अंगूठों के नीचे वाला हिस्सा धोएं

६. हाथों के नाखूनों को धोएं

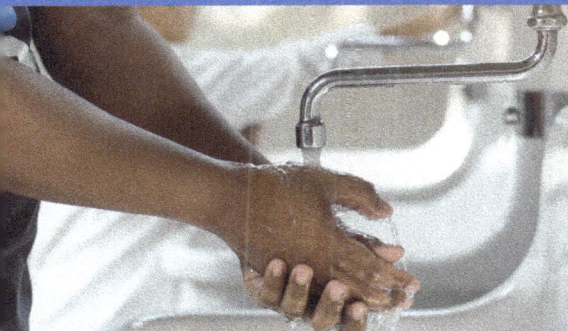

७. हाथों को पानी से धोएं

८. हाथों को सुखाएं

२९

प्रश्नोत्तर

नीचे लिखे सवालों के जवाब देकर कोविड-१९ के बारे में अपनी जानकारी को जांचिए। ये सवाल इस पुस्तक में आपके द्वारा पढ़ी गई बातों पर हैं। जवाब अगले पेज के नीचे दिए गए हैं।

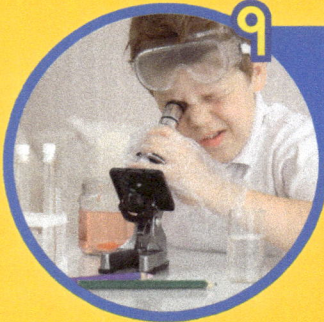

१ वायरस को बड़ा दिखाने के लिए किसका इस्तेमाल किया जाता है?

२ इंसानों में कितने तरह के कोरोनावायरस रह सकते हैं?

३ लोगों को दूसरों से कितनी दूर रहना चाहिए?

४ शरीर को वायरस से लड़ना सिखाने के लिए कौन सी दवा बनाई जाती है?

५ ३-डी प्रिंटर से क्या बनाया जा सकता है?

६ लोगों को कितने समय तक साबुन से हाथ धोना चाहिए?

कोविड-१९ सीरीज़ की और किताबों को यहाँ देखें।

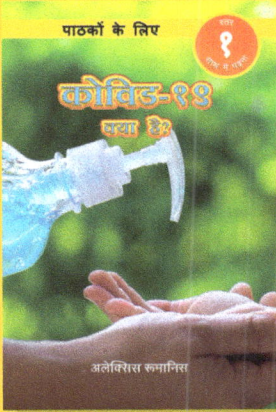

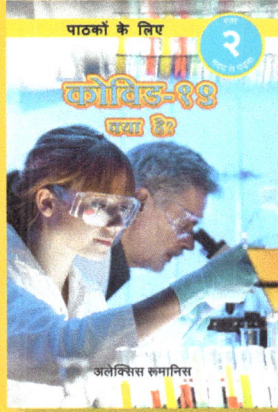

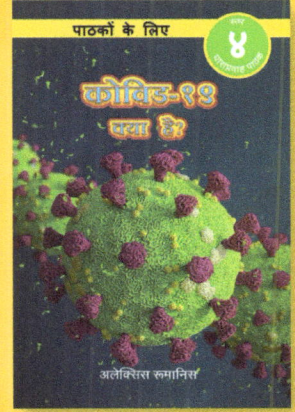

पाठकों अन्य पुस्तकें पढ़ने के लिए जाइये:

www.engagebooks.com

लेखक के बारे में

अलेक्सिस रूमानिस की ग्रेजुएशन २००९ में साइमन फ्रेजर युनिवर्सिटी के पब्लिशिंग प्रोग्राम से हुई। तब से उन्होंने सैकड़ों बच्चों की पुस्तकों को एडिट किया है, और १०० से ज्यादा शैक्षिक किताबें लिखी हैं। उनके पाठकों में ग्रेड K-12 के साथ-साथ विश्वविद्यालय के छात्र भी शामिल हैं। अलेक्सिस अपनी पत्नी और तीन बेटों के साथ ब्रिटिश कोलंबिया, कनाडा में रहते हैं। उनको घूमना, किताबें पढ़ना, और नई चीजें सीखने का शौक है।

उत्तर:
१. माइक्रोस्कोप २. सात ३. २ मीटर/६ फीट ४. टीका
५. सांस लेने का मास्क ६. कम से कम २० सेकंड